DINO HISTORIAS

GIGANOTOSAURIO

EL GIGANTE DEL SUR

ROB SHONE
ILLUSTRADO POR TERRY RILEY

OCEANO travesía

Editor de Océano Travesía: Daniel Goldin

GIGANOTOSAURIO. EL GIGANTE DEL SUR

Título original: Giganotosaurus: the giant southern lizard

Tradujo Juan Elías Tovar de la edición original en inglés de David West, Londres

© 2009, David West Books

D.R. © Editorial Océano S.L.
Milanesat 21-23
Edificio Océano
08017 Barcelona, España
www.oceano.com

D.R. © Editorial Océano de México, S.A. de C.V.
Blvd. Manuel Ávila Camacho 76, 10º piso
Col. Lomas de Chapultepec, Del. Miguel Hidalgo,
Código Postal 11000, México, D.F.
www.oceano.com.mx

PRIMERA EDICIÓN

ISBN: 978-84-494-4489-0 (Océano España)
ISBN: 978-607-400-608-7 (Océano México)
Depósito legal: B-12637-LV

IMPRESO EN ESPAÑA / *PRINTED IN SPAIN*

9003320010412

CONTENIDO

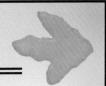

¿QUÉ ES UN GIGANOTOSAURIO?
Conoce los hechos sobre este increíble dinosaurio
página 4

PRIMERA PARTE...
LOS HUÉRFANOS
página 6

SEGUNDA PARTE...
LECCIONES
página 12

TERCERA PARTE...
TRABAJO EN EQUIPO
página 18

CUARTA PARTE...
LÍDERES
página 26

LOS RESTOS FÓSILES
Aprende sobre el reptil gigante del sur
página 30

GALERÍA DE DINOSAURIOS
Busca los animales que aparecen en la historia
página 31

GLOSARIO E ÍNDICE
página 32

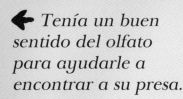

¿QUÉ ES UN GIGANOTOSAURIO?

GIGANOTOSAURIO SIGNIFICA REPTIL GIGANTE DEL SUR

← *Tenía un buen sentido del olfato para ayudarle a encontrar a su presa.*

→ *Sus ojos se encontraban a los costados de su cabeza, así que saber qué tan lejos estaban las cosas habría sido difícil.*

→ *Para ser un animal tan grande, el giganotosaurio tenía un cerebro pequeño. Tenía el mismo tamaño y forma que un plátano.*

← *Los dientes del giganotosaurio eran largos y planos. Tanto sus bordes traseros, como los delanteros eran ondulados, como cuchillos. Esto facilitaba comer carne.*

→ *El giganotosaurio tenía brazos cortos y tres dedos en cada mano. Los utilizaba para atrapar a su presa.*

← *El giganotosaurio utilizaba su cola para balancear su enorme cabeza y cuerpo sobre sus piernas traseras, como un balancín.*

→ *Dos fuertes piernas sostenían su pesado cuerpo.*

EL GIGANOTOSAURIO FUE UN DINOSAURIO QUE VIVIÓ HACE UNOS 95 A 90 MILLONES DE AÑOS, DURANTE EL **PERÍODO CRETÁCICO**. SE HAN ENCONTRADO FÓSILES DE SU ESQUELETO EN SUDAMÉRICA.

← Los giganotosaurios adultos medían hasta 13 metros de largo (43 pies) y 4 metros de altura (12 pies). Pesaban 5.443 kg (casi 6 toneladas).

Los giganotosaurios tenían un cráneo de 2 m (6 pies), con 76 dientes de 20 cm (8 pulgadas) cada uno.

DIENTES FILOSOS

Los dientes del giganotosaurio eran planos y tenían bordes ondulados, como un cuchillo. Los dientes rasgaban a la presa mientras mordían. Los giganotosaurios mordían un pedazo tras otro de su víctima, casi siempre un **saurópodo**. Finalmente el saurópodo perdería tanta sangre que moriría.

Los dientes del gran tiburón blanco (a la izquierda) tienen bordes ondulados como los del giganotosaurio.

CABEZAS HUECAS

El giganotosaurio tenía una cabeza larga y angosta. Sin embargo, no era pesada. Los agujeros en su cráneo indican que era ligero, pero suficientemente fuerte para morder a su presa.

Los giganotosaurios podrían haber vivido y cazado en grupos de familia (ver página 30), tal como lo hacen los leones africanos.

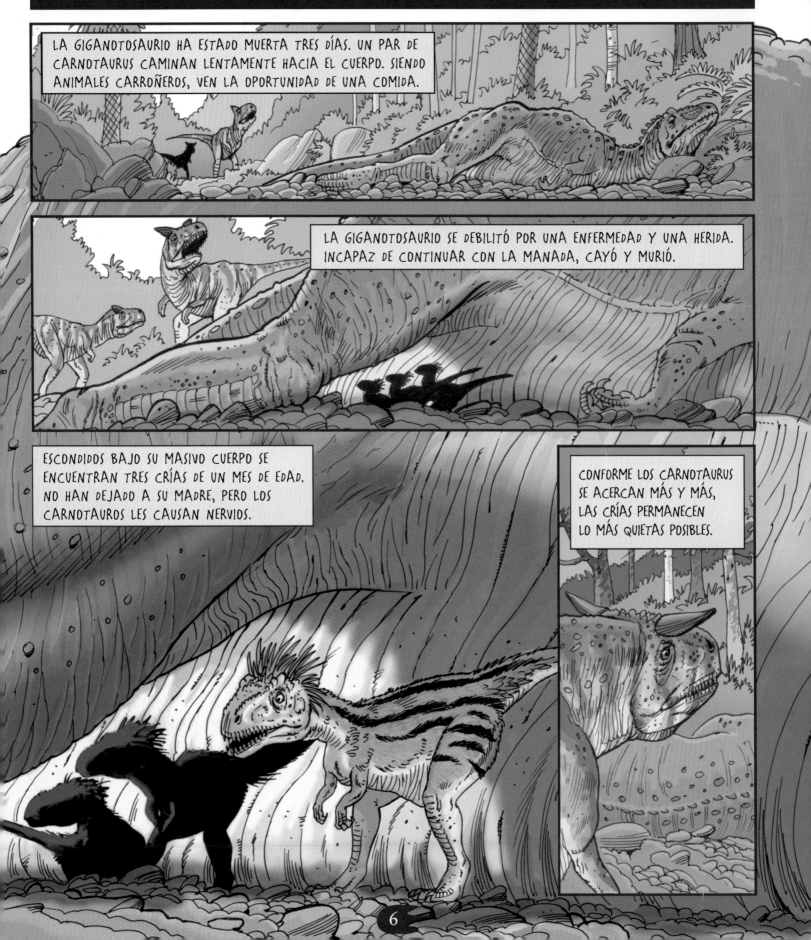

PRIMERA PARTE... LOS HUÉRFANOS

LA GIGANOTOSAURIO HA ESTADO MUERTA TRES DÍAS. UN PAR DE CARNOTAURUS CAMINAN LENTAMENTE HACIA EL CUERPO. SIENDO ANIMALES CARROÑEROS, VEN LA OPORTUNIDAD DE UNA COMIDA.

LA GIGANOTOSAURIO SE DEBILITÓ POR UNA ENFERMEDAD Y UNA HERIDA. INCAPAZ DE CONTINUAR CON LA MANADA, CAYÓ Y MURIÓ.

ESCONDIDOS BAJO SU MASIVO CUERPO SE ENCUENTRAN TRES CRÍAS DE UN MES DE EDAD. NO HAN DEJADO A SU MADRE, PERO LOS CARNOTAUROS LES CAUSAN NERVIOS.

CONFORME LOS CARNOTAURUS SE ACERCAN MÁS Y MÁS, LAS CRÍAS PERMANECEN LO MÁS QUIETAS POSIBLES.

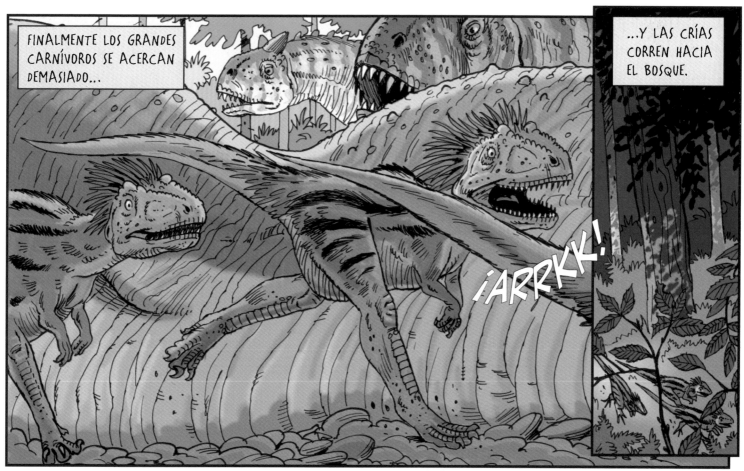

FINALMENTE LOS GRANDES CARNÍVOROS SE ACERCAN DEMASIADO...

...Y LAS CRÍAS CORREN HACIA EL BOSQUE.

¡ARRKK!

PERO LAS HAN VISTO.

DOS HAMBRIENTAS UNENLAGIAS LAS HAN DETECTADO.

ESPERAN UNA COMIDA FÁCIL Y LES TIENDEN UNA EMBOSCADA.

¡NGRRAAGH!

LAS UNENLAGIAS ELIGEN A UNA DE LAS CRÍAS PARA PERSEGUIRLA.

PUEDEN CORRER MÁS RÁPIDAMENTE QUE EL PEQUEÑO GIGANOTOSAURIO.

JUSTO ANTES DE ATRAPARLO...

...LA CRÍA ENCUENTRA UN ESCONDITE.

LAS UNENLAGIAS SON DEMASIADO GRANDES PARA SEGUIR A LA CRÍA DENTRO DEL TRONCO DEL ÁRBOL.

PERO SABEN QUE ESTÁ AHÍ

LAS UNENLAGIAS INTENTAN ENGANCHAR A LA CRÍA DEL ESCONDITE.

¡ARRKK!

FINALMENTE LA CRÍA LA SUELTA. PERO ANTES DE QUE LAS UNENLAGIAS PUEDAN COMERLA...

¿¡ARRRKK!?

...HUYEN, PUES VEN UNA MANADA DE GIGANOTOSAURIOS ACERCÁNDOSE.

¡¡SNARRGH!!

¡NGARRRKK!!

EL LÍDER DE LA MANADA RECONOCE EL OLOR DE LA CRÍA.

¡SNIFF!

¡SNIFF!

LAS TRES CRÍAS VUELVEN A SER PARTE DE LA MANADA.

SEGUNDA PARTE

LECCIONES

CARACORTADA, LA CRÍA QUE PELEÓ CONTRA LA UNENLAGIA, AHORA TIENE TRES AÑOS. SÓLO LE QUEDA UNO DE SUS HERMANOS.

SON MUY PEQUEÑOS PARA CAZAR JUNTO CON LA MANADA, ASÍ QUE CARACORTADA Y SU HERMANO PRACTICAN SUS HABILIDADES DE CAZADOR EN EL BOSQUE.

PASAN UN GRUPO DE GASPARINISAURIOS. LOS PEQUEÑOS HERBÍVOROS NO CORREN PELIGRO. LOS GIGANOTOSAURIOS PUEDEN OLER ALGO MÁS GRANDE.

HAN DESCUBIERTO A UN PAR DE PATAGONYKUS JUVENILES. INTENTARÁN ACERCARSE LO MÁS POSIBLE ANTES DE EMBOSCAR A LOS INSECTÍVOROS.

LOS PATAGONYKUS UTILIZAN SUS GRANDES GARRAS DELANTERAS PARA BUSCAR BICHOS QUE VIVEN BAJO LA CORTEZA DE LOS ÁRBOLES. NO SABEN QUE LOS GIGANOTOSAURIOS LOS ESTÁN ACECHANDO.

¡¡CRACKKK!!

LOS PATAGONYKUS ESCUCHAN EL SONIDO DE UNA RAMILLA QUEBRÁNDOSE. ESTO LOS PONE EN ALERTA.

LOS PATAGONYKUS CORREN ANTES DE SER EMBOSCADOS. ATRAVIESAN EL BOSQUE PERSEGUIDOS POR LOS GIGANOTOSAURIOS.

¡¡ARRKK!!

LOS GIGANOTOSAURIOS NO SE DAN POR VENCIDOS.

UNO DE LOS PATAGONYKUS SE ESCONDE ATRÁS DE UN ÁRBOL GRANDE.

ESPERA A QUE LOS GIGANOTOSAURIOS SE ALEJEN.

¡¡WARRR...!!

ALGO SE MUEVE...

... JUSTO ENCIMA DE ÉL.

¡¡...RRKK!!

LOS GIGANOTOSAURIOS VAN A VER QUÉ HA CAUSADO ESE RUIDO.

15

EL PATAGONYKUS HA SIDO CAPTURADO POR UNA ENORME SERPIENTE MADTSOIA.

CARACORTADA ATACA A LA SERPIENTE.

¡¡GRAARHH!!

PERO LA SERPIENTE ENROLLA SU COLA ALREDEDOR DEL CUERPO DE CARACORTADA.

LA SERPIENTE VUELVE A ENROLLARSE ALREDEDOR DEL GIGANOTOSAURIO. CARACORTADA NO PUEDE MOVERSE.

¡¡SZCHAHHH!!

PERO EL PATAGONYKUS NO ESTÁ MUERTO. INTENTA LIBERARSE.

¡ARRK! ¡ARRK!

MIENTRAS LA SERPIENTE INTENTA CONTROLAR AL AGOBIADO PATAGONYKUS, CARACORTADA LOGRA ESCAPAR DE SU APRETÓN.

LA SERPIENTE SE DESLIZA DEL ÁRBOL CON SU PRESA. CARACORTADA Y SU HERMANO NO SON LO SUFICIENTEMENTE GRANDES PARA QUITARLE EL PATAGONYKUS AL GIGANTE REPTIL. QUIZÁ LOS GASPARINISAURIOS CONTINÚEN EN EL BOSQUE. LOS DINOSAURIOS HAMBRIENTOS SE APRESURAN AL SITIO DONDE LOS VIERON POR ÚLTIMA VEZ.

TERCERA PARTE... TRABAJO EN EQUIPO

EL ATAQUE DE LAS HORMIGAS SOLDADO EN LO PROFUNDO DEL NIDO DE TERMITAS ES EXITOSO. HAN ROBADO MUCHOS HUEVOS DE TERMITA. LOS LLEVARÁN A SU PROPIO NIDO PARA ALIMENTAR A LAS JÓVENES.

DE PRONTO EL NIDO COMIENZA A TEMBLAR. LA PAREDES DE LOS TÚNELES COMIENZAN A DESPLOMARSE.

AFUERA, UN JOVEN CARNOTAURUS UTILIZA EL NIDO DE TERMITAS COMO POSTE PARA RASCARSE.

¡¡SCRITCH!!

¡¡SCRATCH!!

PEQUEÑOS INSECTOS HAN TREPADO ENTRE SUS ESCAMAS Y LE PROVOCAN COMEZÓN.

EL CARNOTAURUS ESTÁ DEMASIADO OCUPADO RASCÁNDOSE...

¡BERDUMPH!

...PARA DARSE CUENTA DE LO QUE VIENE HACIA ÉL ENVUELTO EN UNA NUBE DE POLVO...

¡¡BERDUMPH!!

...HASTA QUE ES CASI DEMASIADO TARDE.

EL CARNOTAURUS CORRE LO MÁS RÁPIDO QUE PUEDE CUANDO VE A LOS GIGANOTOSAUROS. PERO ÉSTOS NO ESTÁN INTERESADOS EN EL PEQUEÑO CARNÍVORO. PERSIGUEN ALGO MUCHO MÁS GRANDE, UNA MANADA DE ARGENTINOSAURIOS.

¡¡BERKERRUMPHH!!

CARACORTADA Y SU HERMANO TIENEN SEIS AÑOS Y SON LO SUFICIENTEMENTE GRANDES PARA CAZAR CON LA MANADA.

LA MANADA NECESITARÁ SU AYUDA. LOS ARGENTINOSAURIOS SON ENORMES SAURÓPODOS HERBÍVOROS. LOS ADULTOS SON HASTA 3 VECES MÁS LARGOS QUE EL GIGANOTOSAURIO MÁS GRANDE Y 10 VECES MÁS PESADOS. UN GIGANOTOSAURIO POR SÍ SOLO NO PUEDE MATAR UNO COMPLETAMENTE DESARROLLADO, ASÍ QUE DEBEN CAZAR EN EQUIPO.

LA MANADA SE MUEVE HACIA LOS ARGENTINOSAURIOS.

¡BDOOSHH!

LA MANADA DE ARGENTINOSAURIOS SE MANTIENE UNIDA. LOS JÓVENES SON FÁCILES DE MATAR, PERO SE ENCUENTRAN EN MEDIO, RESGUARDADOS POR LOS ADULTOS GRANDES. ES PELIGROSO ATACAR A LOS ADULTOS, INCLUSO PARA UNA MANADA DE GIGANOTOSAURIOS. SIN EMBARGO, HAN DETECTADO A UN MIEMBRO VIEJO Y ENFERMO EN LA MANADA. INTENTARÁN SEPARARLO DE LOS DEMÁS.

CARACORTADA Y SU HERMANO VAN AL FRENTE DE LA MANADA. INTENTAN HACER QUE LA MANADA CORRA RÁPIDAMENTE PARA QUE EL ARGENTINOSAURIO ENFERMO SE QUEDE ATRÁS.

EL HERMANO DE CARACORTADA NO VE QUE HAY UN AGUJERO EN EL CAMINO.

22

SE TROPIEZA Y CAE...

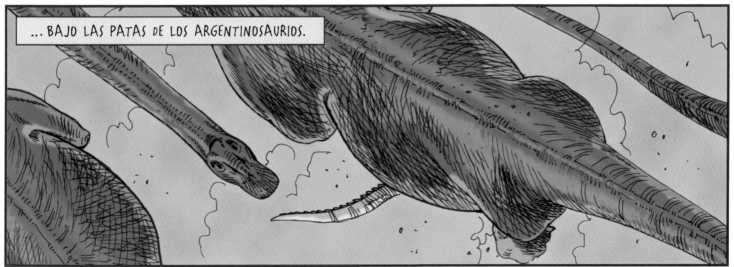

... BAJO LAS PATAS DE LOS ARGENTINOSAURIOS.

LA MANADA LOGRA SEPARAR AL SAURÓPODO ENFERMO DE LOS DEMÁS.

UNA Y OTRA VEZ, LA MANADA ATACA AL ARGENTINOSAURIO MORDIÉNDOLO CON DIENTES AFILADOS. EL SAURÓPODO PIERDE TANTA SANGRE QUE SE DEBILITA...

¡¡MMWWAAARRGGHHH!!

...Y CAE AL SUELO.

PRONTO LA CRIATURA GIGANTE ESTÁ MUERTA.

LA MANADA SE ALIMENTA GOLOSAMENTE DEL ANIMAL MUERTO. CARACORTADA ESTÁ DEMASIADO HAMBRIENTO COMO PARA NOTAR LA AUSENCIA DE SU HERMANO.

CERCA DE AHÍ, EL JOVEN CARNOTAURUS OBSERVA A LOS GIGANOTOSAURIOS. ESPERA QUE SOBRE ALGO DE COMIDA CUANDO LA MANADA SE ALEJE. PERO, ESO NO SUCEDERÁ EN VARIOS DÍAS. TENDRÁ QUE REGRESAR DESPUÉS.

MIENTRAS TANTO, LOS PEQUEÑOS INSECTOS LE PROVOCAN COMEZÓN NUEVAMENTE. VA A BUSCAR OTRO NIDO DE TERMITAS PARA RASCARSE CONTRA ÉL.

Y LAS HORMIGAS SOLDADO MARCHAN DE REGRESO A SU NIDO CARGANDO LOS HUEVOS DE TERMITA.

CUARTA PARTE

LÍDERES

LOS GIGANOTOSAURIOS HAN MATADO A UN JOVEN ARGENTINOSAURIO. LA MANADA SE ALIMENTA DE ÉL A PESAR DE QUE SE APROXIMA UNA TORMENTA. CARACORTADA TIENE AHORA DOCE AÑOS Y ES UN ADULTO. LA LÍDER DE LA MANADA ES UNA HEMBRA GRANDE.

EL OLOR DEL SAURÓPODO MUERTO HA ATRAÍDO A UNA PEQUEÑA MANADA DE MAPUSAURIOS. SU LÍDER ES UN ENORME MACHO, MÁS GRANDE QUE CUALQUIERA DE LOS GIGANOTOSAURIOS. QUIEREN ROBAR LA PRESA DE LA MANADA. LOS GRANDES MAPUSAURIOS RUGEN PARA RETAR A LOS GIGANOTOSAURIOS.

¡¡WARRRGHH!!

LA LÍDER DE LOS GIGANOTOSAURIOS NO PERMITIRÁ QUE LOS MAPUSAURIOS SE LLEVEN AL SAURÓPODO SIN UNA PELEA.

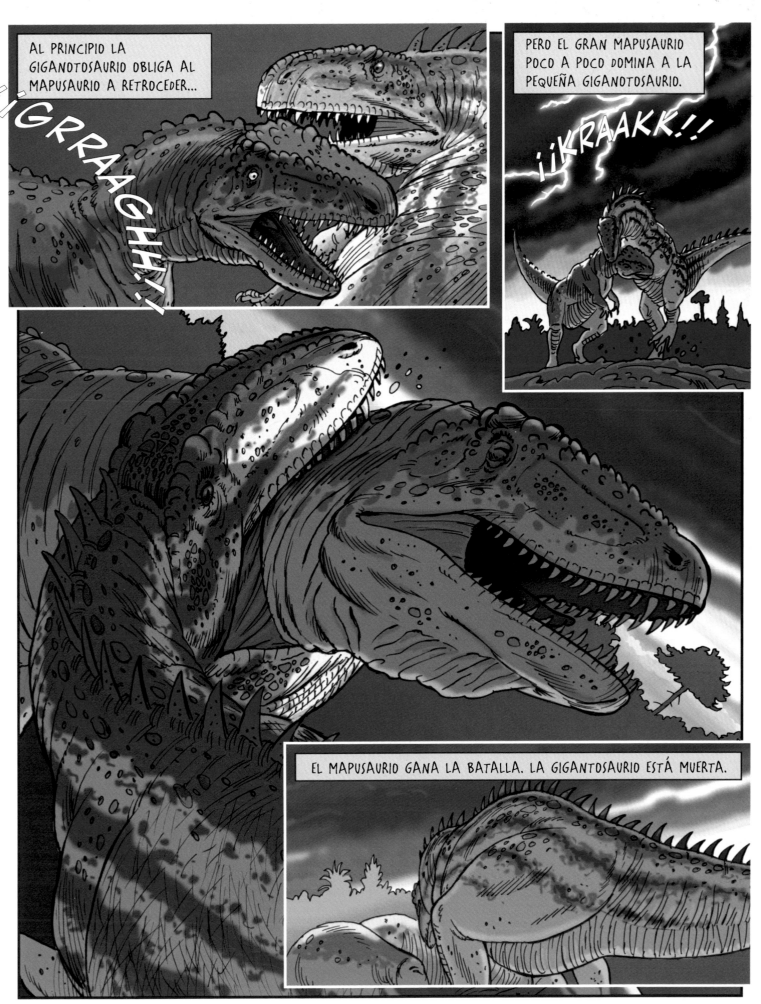

AL PRINCIPIO LA GIGANOTOSAURIO OBLIGA AL MAPUSAURIO A RETROCEDER...

¡¡GRRAAGHH!!

PERO EL GRAN MAPUSAURIO POCO A POCO DOMINA A LA PEQUEÑA GIGANOTOSAURIO.

¡¡KRAAKK!!

EL MAPUSAURIO GANA LA BATALLA. LA GIGANTOSAURIO ESTÁ MUERTA.

TODOS LOS GIGANOTOSAURIOS HAN HUIDO, EXCEPTO CARACORTADA. AÚN ESTÁ HAMBRIENTO Y NO QUIERE PERDER AL SAURÓPODO. EMBISTE AL MAPUSAURIO.

¡¡BDOUFF!!

EL MAPUSAURIO ES DEMASIADO FUERTE Y VELOZ PARA CARACORTADA. ÉSTE ES TIRADO AL SUELO.

EL MAPUSAURIO CAMINA HACIA CARACORTADA. VA A MATAR AL GIGANOTOSAURIO.

¡¡KERAAKK!!

DE PRONTO SE DETIENE. HA VISTO ALGO.

LOS OTROS MAPUSAURIOS HAN COMENZADO A COMER EL SAURÓPODO. EL MAPUSAURIO LOS AHUYENTA. ÉL ES EL LÍDER Y QUIERE SER EL PRIMERO EN COMER.

¡¡GRRAAGH!!

ANTES DE QUE EL MAPUSAURIO PUEDA DISFRUTAR DE SU COMIDA...

¡¡KERRAKK!!

...LA CAÍDA DE UN RAYO LO MATA. LOS OTROS DOS MAPUSAURIOS HUYEN.

LOS GIGANOTOSAURIOS REGRESAN A SU PRESA. EL MÁS GRANDE DE LA MANADA ES EL NUEVO LÍDER: CARACORTADA. NO ES UNA MANADA NUMEROSA. LOGRAR PRESAS NO SERÁ FÁCIL, PERO LOS NÚMEROS AUMENTARÁN.

LOS RESTOS FÓSILES

LOS CIENTÍFICOS TIENEN UNA IDEA DE CÓMO ERAN LOS DINOSAURIOS MEDIANTE EL ESTUDIO DE SUS RESTOS FÓSILES. LOS FÓSILES SE FORMAN CUANDO LAS PARTES DURAS DE UN ANIMAL O PLANTA QUEDAN ENTERRADAS Y SE CONVIERTEN EN ROCA A LO LARGO DE MILES DE AÑOS.

La fotografía de abajo muestra a un giganotosaurio atacando a un saurópodo llamado argentinosaurio. El giganotosaurio fue hallado por primera vez en 1993 en Argentina, Sudamérica. Cerca de él había un esqueleto fosilizado de un largo saurópodo de 23 m (75 pies). Los científicos creen que esos grandes dinosaurios herbívoros eran cazados por los giganotosaurios. Pero los saurópodos completamente desarrollados eran muy grandes. ¿Podría un giganotosaurio matar a un animal diez veces más pesado que él por sí solo? En 1997 se encontraron siete mapusaurios fosilizados. Habían muerto al mismo tiempo. Podrían haber sido un grupo familiar, pues había animales jóvenes y viejos. Ya que los mapusaurios estaban relacionados con los giganotosaurios, ambos animales pudieron haber cazado grandes saurópodos en manadas.

GALERÍA DE ANIMALES

TODOS ESTOS ANIMALES APARECEN EN LA HISTORIA.

Gasparinisaurio
"Reptil de Gasparini"
Longitud: 1 m (3 pies)
Pequeño dinosaurio herbívoro.

Patagonykus
"Garra patagónica"
Longitud: 2 m (6,5 pies)
Pequeño dinosaurio insectívoro con
una garra grande al final de cada brazo.

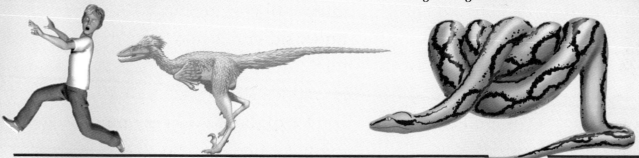

Unenlagia
"Mitad pájaro"
Longitud: 2,5 m (8 pies)
Dinosaurio
carnívoro parecido
a un ave que tenía una
garra en cada uno
de los primeros dedos
de sus patas.

Serpiente madtsoia
"Serpiente del valle de las vacas"
Longitud: 9 m (30 pies)
Serpiente primitiva que probablemente
mataba a su presa al apretarla.

Carnotaurus
"Toro carnívoro"
Longitud: 8,5 m (28 pies)
Dinosaurio carnívoro grande y
de brazos pequeños que pesaba
1,8 toneladas (1.632 kg).

Mapusaurio
"Reptil de la tierra"
Longitud: 12,5 m (41 pies)
Dinosaurio carnívoro, pariente
cercano del giganotosaurio.

Argentinosaurio
"Reptil de Argentina"
Longitud: 25 a 30 m (115 pies)
Dinosaurio herbívoro gigante
que pesaba de 70 a 80
toneladas (81.646 kg).

GLOSARIO

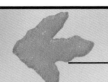
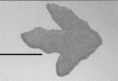

Acechar   Seguir secretamente a alguien.

Carroñeros   Que se alimentan de animales muertos.

Emboscada   Atacar desde un escondite.

Fósiles   Restos de seres vivos, transformados en rocas.

Juvenil   Animal no completamente desarrollado.

Período Cretáceo   Tiempo transcurrido que va desde hace 145 millones hasta hace 65 millones de años.

Presa   Animal cazado por otro animal como alimento.

Saurópodo   Cualquier grupo de los dinosaurios herbívoros de cuatro patas, más grandes, con cuellos y colas largos, y pequeñas cabezas.

ÍNDICE

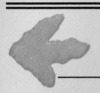

Emboscada, 7, 13-14

Argentina, 30

Argentinosaurios(s), 20-24, 26, 30-31

Cerebro, 4

Carnataurus, 6, 18-19, 20, 25, 31

Período cretáceo, 4

Fósiles, 4, 30

Gasparinisaurio(s), 12, 17, 31

Gran tiburón blanco, 5

Crías, 6-12

Juvenil, 13

Serpiente madtsoia, 16, 31

Mapusaurio(s), 26-31

Patagonykus, 13-14, 16-17, 31

Presa, 4, 5

Saurópodo(s), 5, 24, 28, 30

Cráneo, 5

Hormigas soldado, 18, 25

Dientes, 4, 5, 24

Huevos de termita, 18, 25

Unenlagia(s), 7-12, 31